AF338911

LA

COMMUNE DE PARIS

ET

SON PROGRAMME

(Extraits de l'Impartial dauphinois)

GRENOBLE

TYPOGRAPHIE ET LITHOGRAPHIE DE MAISONVILLE ET FILS

Rue du Quai, 8.

1871

PREMIÈRE LETTRE

4 avril 1871.

Monsieur le Rédacteur,

Quelques conspirateurs réunis dans un comité anonyme sont devenus maîtres de Paris par le droit de la force et par les procédés ordinaires des coups d'état. De Paris ils cherchent à étendre leur domination sur le reste du pays au moyen d'une *fédération* des principales villes de France. Quel est leur but ? Quel est le programme de la révolution qu'ils se proposent d'accomplir ?

Voilà ce qu'il importe en ce moment d'éclaircir. Il faut que chacun sache ce que veulent dire ces mots de *commune*, de *fédération républicaine*, que des citoyens honnêtes et convaincus peuvent considérer comme le symbole de la liberté et de la République.

Pour apporter quelque lumière sur cette question, il est indispensable de rappeler des faits assez généralement oubliés, et de mettre certaines théories, — connues de ceux qui ont suivi le mouvement des idées socialistes, — à côté des indications que les nouveaux maîtres de Paris ont données jusqu'à présent sur leurs mystérieux projets.

J'ai voulu faire à cet égard quelques recherches et quelques rapprochements ; je vous les transmets en vous laissant le soin de les publier si vous les croyez de quelque intérêt pour vos lecteurs.

En présence des noms qui figurent dans le comité central de Paris, il me semble indubitable qu'il a été recruté au moins en grande partie parmi les membres de l'*Association internationale des Travailleurs*.

Il est encore plus certain que les élections du 26 mars ont confirmé dans leurs pouvoirs les membres du Comité central, qui continuent ainsi, soit comme représentants de la Commune élue, soit à titre de sous-comité spécial de la garde nationale, c'est-à-dire de chefs de la force publique, à exercer une influence prépondérante.

Or, pour quiconque connaît les théories politiques et sociales de l'*Association internationale*, il est facile de se faire une idée du programme du Comité central, et même de retrouver les formules de cette association dans les pièces que publie le journal officiel de la Commune.

L'*Association internationale des travailleurs* a été établie en France sous le gouvernement impérial et avec son approbation. Elle avait pour but d'organiser et de diriger les grèves en centralisant les ressources des sociétés ouvrières, non-seulement en France, mais en Angleterre, en Allemagne et dans le reste de l'Europe. Plus tard, vers 1866 ou 1867, l'empire, inquiet du développement et des tendances de l'Internationale, dirigeait contre ses fondateurs des poursuites pour contraventions à l'article 291 du Code pénal. L'un d'eux, M. Tolain, en présentant lui-même sa défense devant le tribunal correctionnel de la Seine, produisait les pièces officielles établissant que les débuts de l'association avaient été vus avec faveur par le gouvernement impérial lui-même.

Au mois de septembre 1869, dans un congrès tenu à Bâle, les délégués de l'Association Internationale ont publiquement exposé leurs plans de rénovation sociale.

Voici en quels termes s'expliquait le manifeste du congrès de Bâle publié sous le titre de : « *Politique de l'Internationale :* »

« Il est bien entendu que tout mouve-
« ment politique qui n'a point pour objet
« immédiat et direct l'*émancipation écono-*
« *mique, définitive et complète du travail-*
« *leur,* et qui n'a pas inscrit sur son dra-
« peau, d'une manière bien déterminée et

« bien claire, le principe de l'*égalité écono-
« *mique*, ce qui veut dire *la restitution in-
« tégrale du capital au travail*, ou bien la
« LIQUIDATION SOCIALE, que tout mouvement
« politique pareil est *bourgeois* et doit être
« exclu de l'*Internationale*.

« Si un *bourgeois*, inspiré par une grande
« passion de justice, d'égalité et d'huma-
« nité, veut sérieusement travailler à l'é-
« mancipation du prolétariat, qu'il com-
« mence d'abord par rompre tous ses liens
« politiques et sociaux, tous ses rapports
« d'intérêt, aussi bien que d'esprit, de va-
« nité et de cœur, avec la bourgeoisie ;
« qu'il comprenne d'abord qu'aucune ré-
« conciliation n'est possible entre le prolé-
« tariat et cette classe qui, ne vivant que de
« *l'exploitation* d'autrui, est l'ennemie natu-
« relle du prolétariat (1) ! »

« Nous devons, disait en même temps le
« bulletin publié par le Congrès, nous ef-
« forcer, dans tous les pays, de nous empa-
« rer du pouvoir. Il faut, pour cela, qu'il se
« forme dans chaque pays un parti de tra-
« vailleurs. Et alors, tous ensemble, en
« avant ! Si nous obtenons le pouvoir, il ne
« dépendra plus que de notre union et de

---

(1) Voir la *Suppression des grèves par l'associa
tion aux bénéfices*, par Charles Robert. Hachette,
1870, page 17.

« notre vertu *de donner au monde une forme*
« *nouvelle* (1) ! »

Enfin, pour couronner tout cela, le journal de l'association annonçait à la même époque « *une terrible révolution sociale* « *que tout le monde pressent aujourd'hui.* »

On le voit, c'est la *liquidation sociale!* C'est la guerre déclarée au capital, qui vit de l'*exploitation* du prolétaire. Nous revenons à la vieille formule de Proudhon : l'exploitation de l'homme par l'homme, — à cette éternelle chimère du *socialisme*, — religion nouvelle, destinée à transporter ici-bas, pour ses adeptes, les promesses de la vie future, — mirage trompeur autant que grossier d'une société reconstruite sur des bases nouvelles et faisant disparaître de ce monde les imperfections et les misères, les passions et les vices de l'humanité !

Le comité central de Paris a eu jusqu'à présent la prudence de laisser dans l'ombre ses projets de rénovation sociale. Il eût été, en effet, d'une mauvaise politique de les annoncer avant la victoire.

Il fallait n'éloigner ou n'effrayer aucun concours :

Ni ceux qui ont marché dans la persuasion qu'il s'agissait de restituer à la garde nationale le droit de nommer ses chefs et de

---

(1) Voir le *Journal des Débats* du 15 septembre 1869.

conserver les fameux canons réunis à Montmartre, sous prétexte de les soustraire aux Prussiens;

Ni ceux qui bornaient leur ambition à payer le plus tard possible leurs loyers ou leurs engagements commerciaux, ou qui éprouvaient quelque regret d'abandonner la profession assez douce de garde national payé et nourri aux frais du trésor public;

Ni ceux qui croient marcher à la modeste conquête des libertés municipales;

Ni ceux qui pensent de bonne foi défendre la République contre des projets de restauration monarchique.

Le *Journal officiel* de la Commune s'est borné à laisser entrevoir les desseins futurs du comité dans de vagues formules à l'usage des initiés, telles que :

« L'émancipation définitive du travailleur; »

« L'organisation du crédit, de l'échange et de l'association; »

« La restitution au travailleur de la valeur intégrale de son travail (1); »

Ces formules, assez modestes en apparence, révèlent à ceux qui n'ont pas oublié les délibérations du congrès de Bâle les théories et les plans de reconstruction sociale

---

(1) V. le *Journal officiel* du 26 mars et la proclamation du *Conseil fédéral des sections parisiennes de l'Association internationale.*

développés bien souvent depuis, dans les réunions publiques de Belleville, par les orateurs de l'Internationale.

En voici les principaux points :

Le capital, la propriété individuelle sont les ennemis, les oppresseurs du travail ; il faut les supprimer et poursuivre la « *réalisation de l'égalité économique* par l'établissement du *collectivisme ou du mutuellisme.* »

En conséquence, le congrès de Bâle votait le 13 septembre 1869, à la majorité de 54 voix contre 4, *la suppression immédiate de la propriété individuelle. Le lendemain, la commission nommée pour examiner la question du droit d'héritage se prononçait à l'unanimité pour l'abolition de cette base de l'ordre social actuel* (1).

Qu'est-ce que le *mutuellisme* et le *collectivisme ?*

Ce sont, avec des nuances et des détails différents d'exécution, des systèmes d'association ayant pour objet la mise en commun de toutes les industries usinières, manufacturières ou agricoles, et leur exploitation par les sociétés ouvrières elles-mêmes.

Les *mutuellistes* admettent *l'équivalence de toutes les fonctions* sans aller, dans la pratique, jusqu'à l'égalité complète des salaires.

Les *collectivistes* ou *communistes*, plus logiques, proclament *l'égalité absolue des salaires.*

____

(1) V. le *Journal des Débats* du 15 septembre 1869.

C'est ainsi que les réformateurs de l'*Internationale* entendent réaliser « *l'égalité économique.* »

On mettrait immédiatement en régie, c'est-à-dire en commun, les usines, les mines, les chemins de fer, les assurances, les banques, en un mot tout *l'outillage de la production.* Peut-être accorderait-on aux possesseurs actuels une indemnité plus ou moins dérisoire. On se débarrasserait ainsi du capital mobilier (1).

Quant à la propriété immobilière, l'impôt progressif et l'abolition du droit de succéder et de tester en auraient raison en peu d'années.

Enfin, avec quelques précautions législatives, par exemple au moyen d'une loi interdisant le prêt à intérêt, on pourrait empêcher *l'infâme capital* de se reconstituer dans les mains des plus laborieux et des plus économes, et de redevenir un instrument *d'exploitation* au préjudice du prolétaire.

Ainsi se trouverait accomplie la révolution, ce que les mutuellistes et les collectivistes appellent « l'émancipation des travailleurs, » « l'égalité économique, » « la restitution de la valeur intégrale du travail ; »

---

(1) V. le compte-rendu des discours de **MM**. Tolain et Brionne dans une réunion publique de Belleville du 15 octobre 1869. *Journal des Débats* du 16 octobre 1869.

ce qui ne serait en réalité que l'universalité de la ruine et l'égalité dans la misère, l'exploitation de l'homme laborieux et intelligent par le fainéant et l'incapable.

Tel est le programme de révolution sociale qu'on peut, sans grands efforts d'imagination, indiquer comme étant celui des hommes qui dominent la Commune de Paris.

Sans doute ces étranges chimères ont dû faire ou feront reculer les plus audacieux parmi ceux des membres de la Commune de Paris qui n'étaient pas initiés d'avance aux doctrines de l'Internationale. Il faut vraisemblablement attribuer à cette cause la démission d'un grand nombre de membres élus de la Commune qui n'étaient pas ralliés aux doctrines de l'Association internationale. MM. Desmarest, E. Ferry, G. Nast, Tirard, Chéron, et plusieurs autres, dit-on, devenus à leur tour *réactionnaires*, sont réduits à se retirer après avoir constaté qu'il s'agit de réaliser des plans de réorganisation sociale qui n'ont assurément rien de commun avec aucune forme connue de gouvernement libre ou de République.

Mais si le comité central de Paris a eu l'habileté de laisser jusqu'à présent dans une ombre discrète et peu accessible au vulgaire ses projets socialistes, il a indiqué avec plus de détail et de précision son plan politique, c'est-à-dire l'ensemble des moyens à l'aide desquels l'Association internationale espère s'emparer du pouvoir et en rester maîtresse.

Ce plan, quoique secondaire dans la grande œuvre dont l'Internationale prépare, selon toute apparence, l'accomplissement, mérite d'être signalé. Il se recommande surtout aux méditations de ceux qui ont adopté la célèbre formule par laquelle les républicains de 1792 protestaient contre toute atteinte à l'unité nationale.

« La République une et indivisible ! »

Je me propose dans une seconde lettre de le résumer et de conclure.

Agréez, etc.,

Paul Thibaud.

DEUXIÈME LETTRE

5 avril 1871.

Monsieur le Rédacteur,

Je vous rappelais hier les traits principaux des théories socialistes dont il est permis de craindre que le Comité central de Paris n'ait le projet de faire l'expérience sur notre infortuné pays.

J'ai à vous entretenir aujourd'hui de son système politique.

Ce système est bien simple, et nous ramène aux *corporations* ou *gildes* du roi Eric et aux coutumes communales de l'an mil ou douze cents.

La France serait divisée en deux catégories :

D'un côté, les grandes villes, Paris, Lyon, Marseille et les principaux centres manufacturiers, dans lesquels les chefs de l'Internationale espèrent régner en maîtres.

De l'autre, le reste de la France dédaigneusement rangé dans la catégorie des électeurs ruraux ou habitants des campagnes.

Cette division se ferait au moyen d'une loi électorale « *telle que la représentation* « *de villes ne soit plus à l'avenir absorbées* « *et comme noyée dans la représentation des* « *campagnes* (1). »

Les villes ou communes ainsi affranchies feraient leur constitution.

« Ce pouvoir constituant (dit le journal « officiel déjà cité), qu'on accorde si large, « si indéfini, si confus, pour le reste de la « France à l'Assemblée nationale, elle (la « Commune élue) devra l'exercer pour la « cité, dont elle n'est que l'expression. Ainsi « l'œuvre première de nos élus devra être « la discussion et la rédaction de leur « *charte.* »

Il ne s'agit pas d'une modeste loi muni-

----

(1) *Journal officiel* de Paris du 27 mars.

cipale : il s'agit d'une constitution, « de cet
« acte, dit l'organe du comité central,
« que nos aïeux du moyen-âge appe-
« laient la Commune. » Ce que veut le
comité, c'est un gouvernement indépendant,
uni tout au plus au pouvoir central, *quel
qu'il puisse être*, par un lien purement fédé-
ratif, quelque chose comme les villes libres
des temps féodaux, qui traitaient d'égal à
égal avec le seigneur voisin, lorsqu'elles ces-
saient de lui faire la guerre.

Les délégués de la « commune affranchie, » suivant l'expression du comité, feront
non-seulement la constitution, mais les lois
de la cité ; ils administreront la justice, la
guerre, les finances, établiront les impôts,
« *détermineront l'application progressive des*
« *réformes sociales* (1). »

Enfin les villes libres se fédéreront entre
elles pour traiter avec le reste de la France :

« Fédérée avec les communes de France
« déjà affranchies, elle (la commune de
« Paris) devra, en son nom et au nom de
« Lyon, de Marseille et bientôt peut-être
« de dix grandes villes, étudier les clauses
« du contrat qui devra *les relier à la nation,*
« *poser l'ultimatum du traité qu'elles enten-*
« *dent signer.*

---

(1) Voir au *Journal officiel* du 27 mars, la *pro-*
clamation du conseil fédéral des sections parisiennes
de l'association Internationale des Travailleurs.

« Quel sera cet ultimatum ? D'abord il
« est bien entendu qu'il devra contenir la
« garantie de l'autonomie, de la *souverai-
« neté municipale* reconquise....... Enfin il
« devra *imposer* à l'Assemblée la promulga-
« tion d'une *loi électorale* telle que la *repré-
« sentation des villes ne soit plus à l'avenir
« absorbée et comme noyée dans la représen-
« tation des campagnes.* »

Le Comité parisien emploie des formes de
langage assez prudentes pour ne pas trop
effaroucher les esprits. Mais, si l'on veut se
demander ce que serait cette loi électorale,
il convient de rapprocher les formules du
Comité central des idées qui ont été depuis
quelque temps développées à Grenoble même
dans certaines réunions publiques.

Le thème favori des orateurs révolutionnaires qui nous arrivent de Paris est préci-
sément l'antagonisme entre le suffrage des
villes et celui des campagnes, — *l'incapa-
cité* politique des électeurs ruraux, — la
nécessité de ne *permettre* aux campagnes de
voter que sur leurs affaires municipales
ou agricoles, et de laisser aux villes, centre
des lumières et du patriotisme, le privilége
exclusif de prononcer sur les affaires politiques.

Où conduit-on la France avec ces étranges, ces incroyables théories ? Hélas ! le
seul résultat que pourrait avoir le triomphe
momentané de ces comités anonymes, qui

élèvent le drapeau de l'insurrection contre l'Assemblée nationale, est facile à prévoir !

Le pays serait livré à l'anarchie et à la désorganisation. Il n'y aurait plus ni lois, ni gouvernement central, ni patrie. Le territoire, morcelé en autant de gouvernements qu'il y aurait de communes *autonomes* et *souveraines*, serait livré aux expériences de novateurs inconnus qui veulent faire sur lui l'essai de leurs systèmes ! — Sous prétexte de fédération et de réformes sociales, on tarirait les sources du travail, du crédit, de l'industrie, du commerce ; on réduirait tout le monde, ouvriers et patrons, travailleurs des bras et travailleurs de l'intelligence, commerçants et propriétaires, à une ruine générale.

Il n'est plus question, d'ailleurs, qu'on se le dise bien, pour les hommes de la commune affranchie, d'une forme de gouvernement. Le gouvernement central leur importe assez peu, puisqu'ils se proposent de lui signifier leur « ultimatum » et de traiter avec lui comme ils traiteraient avec un gouvernement étranger. Ils feront, disent-ils, « *reconnaître* « *et garantir par le pouvoir central*, QUEL « QU'IL PUISSE ÊTRE, *le statut de l'autonomie* « *municipale.* »

Au milieu de ce chaos de villes *libres* renouvelé du moyen âge, dans cette liquidation d'une organisation politique et sociale œuvre de l'expérience des siècles passés, qu'on entend refondre et rétablir sur des bases nouvelles, que deviendraient toutes les affaires, tous les intérêts publics et privés ?

On peut prévoir ce que les exécuteurs de la *liquidation sociale* feraient :

— Des établissements de crédit, banque de France, crédit foncier, crédit mobilier, etc., et, à leur suite, de toutes les maisons de banque et des immenses capitaux engagés dans toutes ces entreprises;

— Des établissements industriels et manufacturiers, des sociétés par actions et de toutes les entreprises de ce genre ;

— Des chemins de fer, des actions et obligations de ces compagnies ;

— Des rentes et des pensions civiles et militaires sur l'Etat.

On appliquerait sans doute à tout cela le *mutuellisme* ou la *collectivité*.

Les possesseurs de toutes ces valeurs, qui représentent au moins la moitié de la fortune du pays et qu'on évaluait il y a quelques années à plus de quarante milliards, devraient les remettre aux mains des *liquidateurs sociaux*.

Les ouvriers, dépourvus de capital et de crédit, placés sous le niveau de l'*équivalence des fonctions* ou de l'*égalité des salaires*, seraient promptement réduits à la détresse et à la misère, et gémiraient trop tard sur la folie des insensés qui ont tué la poule aux œufs d'or.

Et les impôts nécessaires pour alimenter

ce vaste mécanisme qu'on appelle le gouvernement d'un pays, pour rémunérer tous ceux qui travaillent pour le service public, qui les paiera, à travers cette fédération de communes « *souveraines* » érigées en autant de gouvernements indépendants ?

Et les cinq milliards qu'il faut compter à la Prusse, où les prendra-t-on ? L'emprunt seul peut les procurer. Quels banquiers, quels capitalistes en Europe consentiront à prêter à la *fédération communale?* L'association Internationale n'a-t-elle pas déclaré, depuis plusieurs années, la guerre au capital et à tous ceux qui en possèdent une parcelle ?

Les novateurs qui veulent procéder à la régénération politique et sociale de la France et du monde ne les traitent-ils pas d'ennemis et d'exploiteurs du travail ?

Et si nous ne pouvons pas payer ces cinq milliards, y a-t-il au bout de toute cette anarchie, de toutes ces saturnales révolutionnaires, autre chose que l'occupation prussienne, la ruine générale pour cinquante ans et plus et la dislocation de l'unité de la France ?

Telle est la situation que nous préparent les efforts du Comité central de Paris, pour substituer le gouvernement de la *fédération* au gouvernement choisi par la représentation nationale du pays tout entier.

Que tous les hommes qui ne sont pas frappés de vertige et d'aveuglement daignent ouvrir les yeux, et ils sentiront le besoin de s'nnir en face du plus grand péril qui ait jamais menacé la France et la civilisation !

Simple et obscur citoyen, sans autre autorité que celle du bon sens et m'inspirant de mon seul patriotisme, je voudrais adresser, dans la crise redoutable que nous traversons, un appel à tous ceux qui ne séparent pas l'ordre de la liberté.

Vous craignez, dirai-je, aux républicains, que l'Assemblée nationale ne songe à une restauration monarchique ; vous hésitez par ce motif à la soutenir. Peut-être y a-t-il dans son sein des hommes qui, dominés par les souvenirs du passé, et se laissant troubler par la peur de l'anarchie, sont disposés à croire que le pouvoir exécutif placé dans les mains d'un roi peut seul assurer au pays l'ordre et la stabilité ; mais savez-vous quel est le moyen de faire abandonner ces idées à ceux qui ont pu les concevoir ? C'est de défendre l'ordre, c'est de donner un ferme appui au gouvernement légal. La paix publique, la certitude du lendemain, le respect des lois, sont indispensables à toute société. C'est en les défendant que vous obtiendrez du pays une adhésion sincère et sérieuse au gouvernement républicain.

L'homme éminent et sage qui est à la tête du pouvoir exécutif vous a dit avec une loyauté qui devrait vous rassurer : que l'œuvre de réparation confiée à l'Assemblée nationale se fera « sous le gouvernement de

« la République. » — « Nous avons trouvé, ajoutait-il le 26 mars, la République établie ; je ne la trahirai pas, *je le jure devant Dieu !* »

Que craignez-vous donc ?

Lorsqu'il s'agit uniquement de rétablir dans le pays le cours des affaires et la marche régulière de son administration, de mettre un peu d'ordre dans l'immense désarroi où nous ont laissés la chute de l'empire et les désastres de la guerre, pourquoi les républicains ne se rallieraient-ils pas autour d'un pouvoir qui promet de respecter la République et de ne pas permettre que la forme du gouvernement soit l'objet d'une « solution frauduleuse ? »

Quel meilleur moyen d'amener un grand nombre de partisans à la République, que d'associer le parti républicain aux mesures de réparation que l'état du pays réclame impérieusement ? Peut-on fonder quelque chose sans ordre et sans légalité ? Les républicains sous la République ne devraient-ils pas devenir conservateurs ? La situation présente ne leur commanderait-elle pas, tout en se déclarant fidèles à la République, de répudier énergiquement toute compromission avec le parti révolutionnaire, qui ne représente aujourd'hui que la plus inepte et la plus honteuse anarchie ?

A ceux qui se sont pas républicains convaincus, je dirai : Vous tous, qui faites passer l'ordre avant la forme du gouvernement, et qui, pour la plupart, expiez cruellement le tort d'avoir remis le soin de vos affaires entre les mains d'un seul homme ; vous tous, amis d'un gouvernement libre, qui avez pu avoir des préférences pour la monarchie constitutionnelle et qui craignez peut-être que la République n'assure pas au pays la tranquillité qui lui est nécessaire, oubliez vos défiances contre cette forme de gouvernement. N'est-elle pas le drapeau sous lequel peuvent s'abriter tous les patriotismes ? N'est-elle pas la formule la plus simple et la sauvegarde la plus logique de cette souveraineté nationale qu'insultent et foulent aux pieds les ennemis de l'ordre public ? Quel meilleur terrain pourriez-vous choisir pour les combattre et pour les vaincre ? Sachez donc sacrifier vos préférences, s'il vous en reste, au salut de votre pays.

Que tous ceux qui ne pactisent pas avec les complots socialistes et révolutionnaires se groupent donc autour du gouvernement légal contre les entreprises criminelles qui couvriraient la France de sang, de honte et de ruines.

Si j'avais une situation qui me permît de donner un conseil à mes concitoyens, je voudrais que tous les amis du droit et de la liberté, quel que soit leur passé politique, se réunissent dans une action commune sur le terrain de la légalité, où ils peuvent tous honorablement se rencontrer. Le salut de notre patrie, l'avenir de la République ne sont-ils pas dans l'oubli de toutes les discordes, dans l'union de tous les bons citoyens ? Je voudrais donc voir les plus autorisés parmi ces derniers prendre l'initiative d'une adresse dans laquelle, en attestant qu'ils repoussent toute décision sur la forme du gouvernement qui aurait le caractère d'une surprise ou d'une *solution frauduleuse*, ils protesteraient avec énergie contre les attaques séditieuses dont l'autorité de l'Assemblée nationale est en ce moment l'objet.

Cette protestation pourrait, à mon avis, être rédigée dans le sens du projet suivant :

« Les soussignés,

« Applaudissant aux loyales déclarations du chef du pouvoir exécutif et réprouvant avec lui toute entreprise dont le but coupable serait de substituer frauduleusement les préférences ou les caprices d'un parti quelconque aux décrets souverains de la nation régulièrement consultée ;

« Reconnaissant que, si le pouvoir constituant ne peut appartenir qu'à une Assemblée investie du mandat exprès de régler la forme du gouvernement sous laquelle la France voudra vivre, l'Assemblée nationale élue le 8 février résume, au moment présent, la représentation légale et l'unité du pays ;

« Tenant en conséquence pour séditieux et criminels les comités formés ou tentés, soit à Paris soit ailleurs, dans une pensée de révolte contre le pouvoir légal et avec le dessein avoué de rompre le faisceau politique, administratif et judiciaire qui unit entre elles, depuis des siècles, toutes les parties du territoire français ;

« Considérant que de tels désordres sont un sujet d'alarme et de dommage pour tous les citoyens honnêtes et paisibles, en même temps qu'un grave danger pour les libertés et les intérêts publics ; qu'ils livrent la France à la guerre civile et à l'anarchie, tout en la plaçant sous la menace d'une nouvelle invasion et sous la déplorable perspective d'une dictature.

« Se déclarent résolus à donner le plus énergique appui au gouvernement républicain institué par l'Assemblée nationale, seul pouvoir qui ait le droit d'être obéi et respecté, parce que seul il émane du suffrage universel. »

Agréez, etc.

Paul THIBAUD.